AF223528

DERNIERS JOURS

DE LA COMMUNE

In - 8º. 5ᵉ série.

l'ancienne zone jusqu'à la gare Montparnasse, restée encore à ce moment au pouvoir des insurgés.

*
* *

A la pointe du jour, l'armée se formait en cinq colonnes ; la première, celle du général de Cissey, devait opérer sur la rive gauche en se dirigeant sur le Panthéon et la barrière d'Italie.

Le deuxième et le troisième corps, ceux du général Douay et du général Vinoy, devaient avoir le centre pour objectif, et se séparer plus tard à la hauteur des grands boulevards et de la rue de Rivoli.

Enfin le quatrième corps, celui du général Clin-champ, devait se diriger sur la droite pour investir les buttes Montmartre du côté des Batignolles, pendant qu'une cinquième division, commandée par le général Montaudon, longerait en dehors le mur d'enceinte pour prendre les Buttes à revers par Clichy, Saint-Ouen et la chaussée de Clignancourt.

Pendant les opérations commencées simultanément à droite et à gauche, les batteries de l'Arc-de-Triomphe tenaient en respect celles de la place de la Concorde et des Tuileries, l'ordre de marcher en avant ne devant être donné au centre qu'au moment où les deux ailes seraient arrivées à des points donnés , fixés d'avance par le général en chef, le maréchal de Mac-Mahon duc de Magenta.

*
* *

A la même heure, cinq heures du matin , les gardes nationaux de la rive gauche restés fidèles à la cause de l'ordre , prévenus de l'arrivée des Versaillais , se préparaient à seconder les efforts de l'armée , et le lieutenant-colonel Durouchoux , commandant les bataillons du VIIe arrondissement, leur donnait rendez-vous , pour neuf heures , au square des Petits-Ménages.

*
* *

« Pendant que les capitaines commandants prévenaient les officiers et les hommes, un premier incident se produisait aux écoles de la rue du Bac.

» Le sous-lieutenant Vrignault, porte-drapeau du 16e bataillon, et l'adjudant-payeur Guyard, qui ont fait preuve, dans ces deux journées, d'une grande bravoure, enlevaient le drapeau rouge qui se trouvait à l'école communale, rue du Bac, ainsi que celui qui était arboré au commissariat de police, rue de Varennes, et y substituaient, aux applaudissements des habitants du quartier, le drapeau tricolore.

*
* *

» C'était pour la première fois que, depuis la Commune, le drapeau national était arboré dans Paris.

*
* *

» Peu de temps après, les deux membres de la Commune qui ont opprimé le viie arrondissement, Urbain et Sicard, parcouraient à cheval les rues du quartier Saint-Thomas d'Aquin, excitant leurs adhérents à élever des barricades, aux principaux carrefours, notamment à l'intersection des rues du Bac et de Grenelle.

» Le colonel Durouchoux, prévenu, descend dans la rue en uniforme; il rallie le lieutenant Morin, de la 2e compagnie de guerre du 16e bataillon; le sous-lieutenant Vrignault, porte-drapeau du 16e; Cassan, sergent-major de la 1re compagnie de guerre du 16e, et Grandin, garde à la 3e sédentaire du 16e bataillon, et il se précipite, le sabre à la main, sur la barricade, aux cris de « Vive la République ! à bas la Commune ! » Les insurgés se dispersent devant cet élan, et le colonel s'engageait avec sa vaillante escorte dans la rue de Grenelle, lorsqu'un coup de feu, parti du n° 81, le frappe au cou et à l'épaule. Il fallut le transporter dans une ambulance provisoire, rue des Dames de la Visitation Sainte-Marie, où les premiers soins lui furent donnés par les docteurs Curie et Paul Chapusot (1).

» Lorsque ses camarades revinrent, par le passage Sainte-Marie, au carrefour des rues du Bac et de Grenelle, ils y trouvèrent d'autres habitants du quartier accourus pour la défense de l'ordre, notamment le lieutenant Blamont, du 17e bataillon, qui avait planté, au milieu du carrefour, le drapeau tricolore.

» Les gardes nationaux et les volontaires, au nombre de 25 environ, occupèrent les quatre maisons formant le carrefour. Un feu qui ne s'est guère ralenti pendant deux jours, s'engagea entre cette poignée d'hommes et les insurgés établis à la grande barricade de la rue du Bac, en face le Petit-Saint-Thomas.

» Un autre groupe de gardes nationaux et de

(1) Quelques mois après, les habitants du quartier Saint-Germain prirent l'initiative d'une proposition qui fit autant d'honneur à ceux qui la firent qu'à celui qui en fut l'objet. Ils ont demandé la croix de la Légion d'honneur pour le docteur Chapusot. C'était la digne récompense du dévouement et du zèle qu'il a déployé pour soigner les malades et les blessés pendant les deux siég

volontaires s'établit à l'intersection des rues du Bac, à la hauteur de la rue de Babylone, et soutint, pendant toute la journée du lundi, une vive fusillade contre les fédérés établis à la barricade de la rue Bellechasse, à l'hôtel de Chanaleilles. Pendant la journée, quarante ou cinquante hommes sont parvenus, dans un quartier cerné de tous les côtés par les insurgés, à se maintenir dans le périmètre s'étendant de la rue de Grenelle à la rue de Sèvres, et ont protégé ainsi une partie de la rue du Bac, la rue de Varennes et la rue de Babylone.

» C'est dans la soirée que les éclaireurs du 39° de ligne sont venus, sous le commandement du brave lieutenant Mathieu, donner aux défenseurs de l'ordre un concours d'autant plus nécessaire que quelques minutes après les 105° et 187° bataillons, envoyés par la Commune, apparaissaient au carrefour de la rue du Bac et de la rue de Grenelle. — Apprenant l'arrivée de la troupe de ligne, ces deux bataillons battaient en retraite du côté des quais (1). »

*
* *

A midi, les troupes du général de Cissey, se

______

(1) Extrait du *Bien Public.*

frayant un passage à travers les barricades, refoulaient devant elles les soldats de la Commune et arrivaient jusqu'aux Invalides.

Les insurgés, ne se sentant pas soutenus par la population de ces quartiers et comprenant que la résistance devenait impossible, se replièrent en désordre, et pour protéger leur retraite par la rue de Grenelle, firent sauter la poudrière établie dans la cour de l'Etat-major (1).

*
* *

Poursuivant toujours sa marche triomphante,

(1) Les ravages causés par l'explosion n'ont pas été aussi désastreux qu'ils auraient pu l'être. Placée au centre d'un des plus riches quartiers de Paris, en face de l'archevêché, cette poudrière, en éclatant, aurait dû détruire un grand nombre de maisons et d'hôtels.

C'est au dévouement d'un serviteur du comte de P..., que le quartier doit d'avoir échappé au danger qui le menaçait. Connaissant l'existence du dépôt de poudre, soupçonnant le crime que la Commune projetait, ce brave homme avait fait pratiquer dans les caves de l'hôtel, 115, rue Saint-Dominique, des galeries souterraines, et, par ces galeries, faisait chaque jour abondamment arroser les murailles de la poudrière établie derrière la maison de son maître.

L'eau parvint ainsi à s'infiltrer peu à peu à travers les pierres jusqu'à la poudre qu'elle mouilla, et celle-ci, rendue humide, ne produisit pas, lorsqu'on l'alluma, une détonation aussi forte que l'espéraient les incendiaires.

Cet acte prouve, chez son auteur, autant de courage que de présence d'esprit ; car si les agents de la Commune s'étaient aperçus de la précaution prise contre eux, il n'est pas douteux que ce courageux citoyen n'eût payé de sa vie la bonne action qu'il accomplissait.

(Extrait du *Journal de Paris.*)

le général de Cissey enlevait, à cinq heures, la gare Montparnasse, et débusquait les insurgés de la grande barricade de la route d'Orléans, près de l'église Saint-Pierre.

Sa division, qui s'avançait toujours de front, occupait à la même heure le Ministère des affaires étrangères, le Palais-Bourbon, le Ministère de la guerre, et un peu plus tard la mairie du viie arrondissement.

*
* *

Dans la soirée, pénétrant dans les rues de Babylone et de Varennes, elle venait, sur les neuf heures, faire sa jonction avec les gardes nationaux solidement établis dans la rue du Bac, au point où elle est traversée par la rue de Grenelle.

*
* *

A ce moment, le mouvement en avant des troupes jusque-là victorieuses subit un temps d'arrêt qui leur permit de masser et de prendre quelques heures de repos.

*
* *

Les opérations sur la rive droite offraient plus de difficultés ; il s'agissait principalement d'aborder

Montmartre, non pas du côté des barricades, ce
qui aurait coûté beaucoup de monde à l'armée,
mais par son côté le moins défendu parce qu'on
le jugeait inexpugnable, c'est-à-dire sous la gueule
même des canons impuissants à diriger leur feu si
près et précisément au-dessous d'eux.

*
* *

Cette manœuvre audacieuse fut préparée dans
la soirée; mais, avant de masser les troupes
sous la Butte, il avait fallu en dégager les abords,
et un combat sanglant s'était engagé sur le boulevard Malesherbes aux environs de la caserne de
la Pépinière.

*
* *

Dans ce quartier, comme sur la rive gauche,
les Versaillais avaient été reçus avec enthou-
siasme; les cris de « Vive la ligne! » partaient de
toutes les fenêtres, et les gardes nationaux réfractaires, jusque-là forcés de se cacher pour se
soustraire aux recherches de la Commune, sor-
taient en grand nombre de leur demeure pour
venir se joindre à l'armée régulière.

*
* *

A quatre heures du soir, la mairie du VIIIe arrondissement était enlevée par le commandant Lecère du 5e de marche qui fit pratiquer des cheminements à travers les maisons.

A six heures, le parc Monceau était occupé, le Ministère de l'intérieur dégagé, et la caserne de la Pépinière emportée d'assaut.

A sept heures, la gare Saint-Lazare tombait au pouvoir des soldats du général Clinchamp, et les insurgés s'enfuyaient, en criant : « Aux armes! » par les rues de Rome et d'Amsterdam.

A la tombée de la nuit, et suivant les prévisions du général en chef, les deux colonnes du centre, ayant leurs derrières assurés par le développement en éventail des deux ailes, s'ébranlèrent à leur tour, et descendant au pas de charge la longue avenue des Champs-Elysées, elles vinrent, sous le feu des batteries du jardin des Tuileries, occuper l'Elysée et le Palais de l'industrie.

Esquissons maintenant, pour clore cette sanglante journée du 22, la physionomie de l'Hôtel-de-ville et des environs pendant la bataille.

*\
* *

La fermentation de la population était à son paroxysme ; des barricades énormes s'élevaient à tous les coins de rues et barraient complétement la rue de Rivoli.

*\
* *

Des femmes, de véritables mégères, s'accrochaient aux passants et les obligeaient à porter des pavés : il fallait, bon gré mal gré, prendre la pelle et la pioche, et emplir des sacs de terre.

D'autres forcenés à moitié ivres vous mettaient un fusil dans la main en jurant sur leur honneur (?) qu'ils vous f.... une balle dans la tête si vous reculiez d'une semelle.

*\
* *

On n'entendait que cris, menaces, imprécations.

*\
* *

Heureux alors ceux qui purent s'échapper ; mais, hélas ! combien d'honnêtes citoyens se trouvèrent malgré eux, mêlés à ces misérables, à ces assassins, à ces incendiaires qui prétendaient que l'armée de Versailles entrait à Paris avec l'intention bien arrêtée d'y porter le fer et la flamme, et de détruire sans pitié les quartiers excentriques avec tous leurs habitants.

*
* *

L'Hôtel-de-ville surtout était en ébullition ; on avait réuni sur la place de nombreuses troupes, et à chaque instant arrivaient de nouveaux bataillons, tambours en tête et le drapeau rouge au vent.

*
* *

Le citoyen Delescluze, installé depuis la veille dans le salon rouge du premier étage, et entouré de ses fidèles, signait des ordres tout en écoutant les rapports qui lui arrivaient de tous côtés.

*
* *

L'entrée de l'armée dans Paris avait surexcité au plus haut degré les membres de la Commune ; ils n'osaient déjà plus parler de vaincre, mais ils répétaient tous bas avec une sombre énergie : « Mieux vaut mourir que Cayenne. »

*
* *

Voici le dernier placard que la Commune fit afficher sur les murs de Paris :

« Que tous les bons citoyens se lèvent !

» Aux barricades ! l'ennemi est dans nos murs.

» Pas d'hésitation !

» En avant pour la République, pour la Commune et pour la liberté !

» Aux armes !

» Paris, le 22 mai 1871.

» *Le Comité de salut public.*

» Ant. ARNAUD, BILLIORAY, EUDES, GAMBON, RANVIER. »

MARDI VINGT-TROIS MAI

Le mardi matin, les gardes nationaux du viie arrondissement et les volontaires qui étaient venus se joindre à eux, unissant leurs efforts à ceux des éclaireurs du 39e et de deux autres compagnies de ligne envoyées en renfort, engageaient une vive fusillade contre la barricade établie rue du Bac, presque en face des magasins du Petit-Saint-Thomas.

A plusieurs reprises, cette barricade, armée de canons, fit pleuvoir les obus et la mitraille, et ce ne fut que grâce à une demi-batterie d'artillerie, commandée par le lieutenant Witschger, que cette position put être enlevée.

Il est à constater que seuls peut-être dans le

faubourg Saint-Germain quelques gardes nationaux et quelques volontaires du VIIe arrondissement ont su prendre l'initiative et n'ont pas attendu la présence des troupes pour arborer le drapeau tricolore et pour défendre eux-mêmes leurs familles et leurs maisons.

Malheureusement le quartier tout entier ne fut pas préservé de la fureur de ces misérables qui avaient osé prendre pour devise : *Liberté*, *Egalité*, *Fraternité*.

Ils ne reculèrent pas devant un crime épouvantable.

De citoyens révoltés, ils se firent incendiaires : et qu'on ne vienne pas dire, pour atténuer leurs forfaits, que les besoins de la défense les forçaient à en venir à de pareilles extrémités ; un fait rapporté par plusieurs personnes dignes de foi fournit la preuve évidente que Paris était voué d'avance à une entière destruction.

Vers onze heures du matin de ce même jour, 23 mai, l'église de Notre-Dame des Victoires se mit à sonner le tocsin ; un fédéré, un ancien garde des bataillons de Flourens qui montait la garde

devant le portail, laissa échapper ces paroles :
« Ah ! les malheureux, les voilà qui donnent le
signal. » Il fut entendu de deux femmes, une
marchande de vin et une maîtresse d'hôtel, qui
lui arrachèrent cette révélation : « C'est le signal
de l'incendie. » C'était en effet le tocsin de Notre-
Dame des Victoires qui devait donner cet affreux
signal. Les deux femmes appelèrent des voisins,
firent enfoncer la porte de l'église, et on arrêta
le sonneur, qui était un capitaine de fédérés.

*
* *

En incendiant une partie du faubourg Saint-
Germain, ils ne faisaient donc que suivre le pro-
gramme qui leur avait été transmis de l'Hôtel-de-
ville.

*
* *

Chassés vigoureusement des positions qu'ils
occupaient dans le milieu de la rue du Bac, les
insurgés se débandèrent et s'enfuirent du côté des
quais. Mais une fois à l'abri derrière leurs derniers retranchements construits rue du Bac, à la
hauteur de la rue de Lille, ils se mirent alors à
commencer leur infernale besogne.

*
* *

Des hommes qui se faisaient appeler : *Enfants-perdus*, *Francs-Tireurs*, enfonçaient les devantures de boutiques à coups de crosses de fusils, pour jeter dans les maisons des torches enflammées et des paquets d'étoupe imbibés de pétrole.

*
* *

Dans la rue de Lille, d'autres misérables badigeonnaient les volets des boutiques et les portes cochères avec des pinceaux trempés dans ce liquide infernal qu'ils allumaient ensuite.

*
* *

« Sauvez-vous ! criaient-ils aux malheureux cherchant à se rendre maîtres du feu ; les Versaillais nous envoient des bombes à pétrole pour incendier le quartier. »

*
* *

Fous de terreur, les habitants des maisons menacées s'empressaient de jeter par les fenêtres ce qu'ils avaient de plus précieux, et de fuir le foyer de l'incendie qui, de minute en minute, prenait une extension nouvelle.

*
* *

Alors, chose honteuse à raconter, des femmes,

jusqu'alors restées dans l'ombre et inconnues de tous, surgirent aux côtés des incendiaires, et bientôt le pillage fut impunément organisé.

*
* *

A la même heure, le feu éclatait à la Cour des comptes, à la Légion d'honneur, à la caserne Bonaparte et à la Caisse des dépôts et consignations.

*
* *

Ces différents palais et bâtiments du quai d'Orsay, dans lesquels on avait accumulé à l'avance des barils de goudron et des tonneaux de pétrole, devinrent en quelques heures la proie des flammes.

La rive droite, hélas! ne devait pas être plus épargnée.

*
* *

La division du général Clinchamp, arrivée la veille jusqu'à la caserne de la Pépinière et à la gare Saint-Lazare, laissait encore au pouvoir de l'insurrection la formidable barricade élevée à la naissance du boulevard Malesherbes, au coin de la rue de Suresne.

*
* *

Dans la matinée du mardi, le brave colonel

Thierry, à la tête de son régiment et de trois compagnies du 26ᵉ chasseurs, enlevait cette position défendue avec acharnement.

*
* *

Ce coup de main, vigoureusement mené, dégageait la place de la Madeleine et facilitait aux généraux Douay et Vinoy l'accès de la place de la Concorde que, depuis la naissance du jour, ils canonnaient sans relâche.

*
* *

En effet, à partir de ce moment, la barricade qui barrait le faubourg Saint-Honoré ne fut plus tenable, et les gens de la Commune qui l'occupaient se retirèrent par la rue Royale, derrière la redoute construite entre le Ministère de la marine et les bâtiments du Garde-Meuble. Mais toujours par suite du même système, déjà mis en pratique sur la rive gauche, ils incendièrent, avant de lâcher pied, le pâté de maisons situées au coin du faubourg Saint-Honoré, du côté de la Madeleine, et celui formant l'angle droit de la rue Royale.

*
* *

Une heure après, comprenant qu'ils allaient être cernés par les troupes qui arrivaient en masse

par le haut du faubourg et par le boulevard
Malesherbes, ils abandonnèrent également cette
nouvelle position compromise, en gagnant à la
hâte, par les arcades blindées du Ministère de la
marine, la forteresse construite à l'angle de la
place et à l'extrémité de la terrasse des Feuillants.

*
* *

Une déception cruelle les attendait en cet endroit. Les défenseurs de cette formidable redoute,
considérée par la Commune comme inexpugnable,
n'avaient pas jugé prudent de s'y maintenir. Ils
avaient commencé par répondre au feu des canons
versaillais mis en batterie à l'entrée du Cours-la-
Reine; mais à la vue des pantalons rouges qui
faisaient irruption par la rue Saint-Florentin et
allaient les prendre entre deux feux, ils s'étaient
repliés dans le plus grand désordre du côté de la
place Vendôme, en mettant le feu aux matières
inflammables accumulées par ordre supérieur dans
le Ministère des finances.

*
* *

A l'heure où les divisions du centre, après
avoir démonté les batteries des terrasses, occupaient la place de la Concorde et s'emparaient de
la barricade qui barrait le quai des Tuileries,

l'amiral Pothuau et ses braves marins s'installèrent au Ministère de la marine qu'ils venaient de débloquer, pendant qu'une partie des troupes du général Clinchamp, qui s'était massée, durant la nuit, dans les rues d'Amsterdam et de Clichy, franchissait les barricades de la place Moncey et de la rue Lépic.

*
* *

De son côté, le général Ladmirault débordait par la gare du Nord, livrant un combat acharné aux défenseurs des barricades de l'avenue Trudaine, et arrivait presque en même temps que le général Clinchamp à la mairie du xviiie arrondissement, au cœur même de Montmartre.

*
* *

Toujours à la même heure, les soldats du général Montaudon, entrant par la porte de Clignancourt, renversaient la barricade de la rue Mercadet et escaladaient les hauteurs précisément sous les batteries du Moulin-de-la-Galette, batteries rendues impuissantes par ce hardi coup de main brusquement accompli.

*
* *

A trois heures, tout était fini, et le drapeau

tricolore remplaçait le hideux chiffon rouge sur la
tour de Solférino.

*
* *

A la fin de cette journée du mardi dont les
résultats en faveur de l'armée régulière étaient
décisifs, une grande agitation régnait toujours à
l'Hôtel-de-ville, où siégeait, impassible, le citoyen
Delescluze.

*
* *

Le général (?) Eudes, envoyé dans l'après-midi
en reconnaissance, n'avait pas dissimulé au Comité
de salut public, resté en permanence, les progrès
des Versaillais ; il avait même avancé la proposition d'abandonner l'Hôtel-de-ville. « Montmartre
peut se défendre, avait-il dit ; l'Hôtel-de-ville ne
le pourra pas. — Alors nous y f.... le feu, avait
répondu l'un des membres du Comité. — Et nous.
nous retirerons sur les hauteurs, avait ajouté
un autre : tant que Montmartre, Belleville et le
Père-Lachaise tiendront, nous pourrons nous
défendre, et voilà des gaillards qui nous don-
neront un coup de main. » En prononçant ces
paroles, le membre de la Commune montrait à
ses collègues la foule de gens armés qui encom-
braient la place.

*
* *

En effet, il restait encore à ce moment-là, aux ordres de la Commune, tous ceux qui avaient à se plaindre de la société et de ses lois, depuis les habitués des carrières d'Amérique jusqu'aux forçats libérés et en rupture de ban.

Il y avait aussi le contingent des dupes, des esprits faux qui rêvaient de bonne foi peut-être une république idéale devant ramener l'âge d'or sur la terre, et enfin cette tourbe cosmopolite chassée de la patrie qu'elle mettait en péril par les idées subversives qu'elle avait prétendu faire prévaloir à tout prix : dignes soldats de pareils chefs.

Au moment où le jour commençait à baisser, les hôtes de l'Hôtel-de-ville purent se convaincre que leurs ordres avaient reçu un commencement d'exécution, car des lueurs sinistres éclairaient le ciel au-dessus du quartier de la Madeleine et de la partie sud du faubourg Saint-Germain.

Mais ce n'était qu'un commencement.

..... Vers minuit, une épouvantable explosion se fit entendre, et les bâtiments du Louvre en tremblèrent jusque dans leurs fondements : c'était

la partie centrale du Palais des Tuileries, le pavillon de l'Horloge, où l'on avait accumulé des
barils de poudre, qui venaient de sauter.

Bientôt le palais tout entier ne fut plus qu'un
immense brasier alimenté par des ruisseaux de
pétrole qui tombaient en cascades de tous les
étages ; dix minutes après, le feu éclatait également
dans les bâtiments du Louvre du côté de la rue de
Rivoli, et réduisait en cendres la riche et inap-
préciable bibliothèque que renfermait_le pavillon
faisant face au Palais-Royal.

MERCREDI VINGT-QUATRE MAI

Dans la nuit de mardi à mercredi, plusieurs membres de la Commune, se sentant perdus, s'étaient réunis à l'usine à gaz du boulevard de Vincennes.

Préoccupés, avant tout, du soin de sauver leurs têtes, ils avaient donné l'ordre de gonfler sans retard un ballon qui, à tout hasard, se trouvait depuis plusieurs jours dans l'établissement. Le gonflement était terminé, ils allaient prendre place dans la nacelle, quand des gardes nationaux, compromis par le fait de ces hommes qui ne pensaient plus qu'à leur propre salut, s'opposèrent au départ de l'aérostat. « Vous nous avez mis dans le pétrin, aurait dit un des assistants, vous y resterez avec nous. »

*
* *

Les opérations de l'armée, restées stationnaires

pendant la nuit, furent reprises dès la pointe du jour avec une nouvelle vigueur.

A l'extrême droite, les troupes du général de Cissey, qui avaient occupé la veille les VIIe, XIVe et XVe arrondissements, enlevaient successivement toutes les barricades derrière lesquelles les insurgés tentaient vainement de s'opposer à ce mouvement en avant.

Le général de Cissey avait profité du dégagement des boulevards Brune et Jourdan pour couronner les bastions 78, 79, et faire canonner à outrance le fort de Montrouge, que les communeux s'empressèrent d'évacuer après avoir mis le feu aux casernes et fait sauter la poudrière.

L'objectif de l'aile droite étant le Panthéon, les troupes qui la composaient, exécutant à la lettre les instructions qu'elles avaient reçues, s'avançaient plus ou moins vite, suivant les obstacles qui se présentaient, mais en conservant toujours leur ligne de bataille qui formait un énorme demi-cercle.

La gauche, arrivée depuis la veille au centre du

faubourg Saint-Germain, ralentissait sa marche et pivotait sur elle-même pendant que la droite, lancée au pas accéléré, accomplissait son mouvement tournant en envahissant successivement Vaugirard, Plaisance et le quartier de l'Observatoire.

A huit heures, les soldats de la ligne, campés dans les rues de Sèvres et du Cherche-Midi, se mettaient en marche et s'avançaient résolûment sur les barricades de la Croix-Rouge.

A cet endroit, les insurgés se défendirent énergiquement pendant plusieurs heures; ils avaient envahi les maisons dont les fenêtres ouvraient sur la place, et ils échangeaient avec les assaillants une fusillade sans intermittence. Plusieurs pièces d'artillerie, braquées du côté de l'Abbaye-aux-Bois sur le square des Petits-Ménages, envoyaient successivement un grand nombre d'obus.

Tant que les barricades qui protégeaient les flancs de leur position rue de Grenelle, rue du Cherche-Midi et rue du Dragon, purent retarder

la marche des pantalons rouges, les communeux
se battirent en désespérés ; mais dès qu'ils s'aper-
çurent que les hommes qui seuls pouvaient assurer
leur retraite commençaient à lâcher pied, ils per-
dirent courage, et en vinrent alors aux moyens
extrêmes déjà mis en pratique par leurs semblables.

Comme les misérables qui avaient incendié la
veille les bâtiments du quai d'Orsay et le bas de la
rue du Bac, les défenseurs de la Croix-Rouge
mirent le feu, avant de fuir, aux maisons formant
le coin des rues de Sèvres et de Grenelle ; et le
pétrole venant à leur faire défaut, ils défoncèrent
un baril d'absinthe, pris dans la cave d'un mar-
chand de vin, et en versèrent le contenu sur des
matelas accumulés contre les devantures des magasins.

Bientôt l'incendie se propagea rapidement, et
pendant une partie de la soirée il fut impossible
d'en arrêter les progrès.

Chassés plus tard de la place Saint-Sulpice et de

la mairie du vi[e] arrondissement, qu'on ne leur laissa pas le temps d'incendier, ils gagnèrent la montagne Sainte-Geneviève, pour se réfugier derrière la barricade du boulevard Saint-Michel, à l'entrée de la rue Soufflot.

D'un autre côté, les insurgés retranchés dans l'avenue de l'Observatoire, voyant les Versaillais déboucher en masse par le boulevard Montparnasse et la rue d'Enfer, ne tentèrent même pas de défendre la position (1).

Ils traversèrent rapidement le jardin du Luxembourg, en faisant sauter derrière eux la poudrière placée dans les anciennes baraques d'ambulance, au coin de la rue d'Assas et de la grille du jardin.

Au moment où l'explosion eut lieu, un marin, grimpé au faîte du palais du Luxembourg, y arborait le drapeau national.

La formidable explosion de cette poudrière fit trembler toutes les maisons du quartier Vaugirard et en brisa presque toutes les vitres.

(1) Ils essayèrent cependant de livrer aux flammes l'Observatoire ; mais cet établissement fut sauvé d'une entière destruction par les courageux efforts de M. Delaunay, aidé du personnel de la maison et d'ouvriers réfractaires à la Commune, qui s'y étaient réfugiés.

Avant d'arriver jusqu'à la barricade de l'avenue de l'Observatoire, les soldats de la division du général de Cissey, qui débouchaient par la rue de Vanves et la chaussée du Maine, étaient venus se heurter contre une des plus importantes positions des communeux : le cimetière Montparnasse, dont les hautes murailles avaient été crénelées.

Il fallut amener des canons et pratiquer une brèche ; elle fut ouverte dans la direction du Champ-d'Asile, et au moment où elle fut praticable, une mitrailleuse, placée à la porte d'entrée sur le boulevard de Montrouge, prit les insurgés entre deux feux et en fit un horrible carnage.

Maîtres du cimetière dans l'après-midi, les soldats de Versailles eurent à se garer d'une grêle d'obus que leur envoyait, par dessus les maisons, une batterie établie rue Vavin.

Cette rue, barrée par une importante barricade, fut attaquée et défendue avec acharnement ; et quand les insurgés, poursuivis de maison en maison, se virent forcés dans leurs retranchements, ils se sauvèrent par le jardin du Luxembourg, mais non sans avoir pris le temps d'allumer les matières inflammables disposées à l'avance pour propager l'incendie.

*
* *

Cependant le dernier refuge des révoltés dans le quartier du Panthéon allait bientôt tomber au pouvoir de l'armée.

*
*　*

Traverser le jardin du Luxembourg, enlever la barricade du boulevard Saint-Michel, gravir la rue Soufflot et celle des Fossés-Saint-Jacques, fut pour nos braves soldats l'affaire de quelques instants.

Accueillis en face du Panthéon par une violente fusillade, les marins, soutenus par le 17ᵉ chasseurs et quelques hommes du 71ᵉ, escaladèrent la redoute construite en travers la place, et à quatre heures et demie ils pénétraient, la hache à la main, dans la mairie du vᵉ arrondissement, défendue par trois cents communeux.

*
*　*

Là, il se passa quelque chose d'horrible : les séides de la Commune se réfugièrent dans les chambres, dans les couloirs, et à mesure que les portes volaient en éclats sous la hache des marins, ils tiraient à bout portant sur les assaillants.

Ceux-ci, furieux de cette résistance désespérée, n'épargnèrent personne ; et quand les soldats de la ligne entrèrent à leur tour dans les bâtiments pris d'assaut, ils ne trouvèrent plus que des cadavres.

*
* *

Le commandant Montaut et le colonel Galle, arrivés à la tête de leurs braves soldats, firent éteindre un commencement d'incendie, et trouvèrent dans les caves plusieurs barils de poudre auxquels les insurgés, poursuivis de près, n'avaient pas eu le temps de mettre le feu.

*
* *

Les marins, par ordre du commandant Moynier, emportèrent les barils de poudre dans les caveaux du Panthéon, où se trouvaient déjà vingt-huit millions de cartouches.

*
* *

Le commandant Moynier, entré le premier dans l'église à la tête du 17e de ligne, avait eu la précaution de faire couper les fils qui mettaient ce monument en communication avec la mairie. C'est donc grâce à lui que le quartier tout entier fut préservé d'un épouvantable désastre, dans lequel, outre le Panthéon et les maisons particulières, la magnifique bibliothèque de Sainte-Geneviève aurait été engloutie.

Pendant qu'on s'emparait de la montagne Sainte-

Geneviève et qu'on dégageait Sainte-Pélagie (1) et le Jardin des plantes, une partie des troupes qui avaient concouru à la prise du cimetière Montparnasse s'avançait rapidement par le boulevard Arago, ayant mission d'investir la prison de la Santé et les Gobelins.

*
* *

Pour accomplir cette opération, les Versaillais s'étaient séparés en deux colonnes; la première enfilait le boulevard du Port-Royal, tandis que la seconde prenait la manufacture à revers par le boulevard d'Italie et l'avenue des Gobelins.

*
* *

Sur ces deux points, la résistance des communeux fut acharnée; et quand ils virent qu'ils allaient être cernés, ils s'empressèrent, comme toujours, de brûler ce qu'ils ne pouvaient plus défendre. Fort heureusement les troupes, en faisant irruption dans les bâtiments, parvinrent à arrêter promptement les progrès de l'in-

______

(1) La veille à onze heures et demie du soir, M. Gustave Chauday, écroué à Sainte-Pélagie d'après les ordres du procureur de la Commune, le citoyen Rigault, comme coupable d'avoir défendu l'Hôtel-de-Ville au 31 octobre, avait été massacré en même temps que trois soldats de la garde républicaine de la caserne des Célestins.

cendie, et les pertes à déplorer sont relative-
ment minimes en comparaison de ce qu'elles
auraient pu être.

*
* *

Pour se rendre un compte exact de la marche
progressive des troupes engagées, il est nécessaire de les suivre pas à pas, tantôt sur la rive
gauche, tantôt sur la rive droite, et aussi au
centre des opérations, le long des quais et des
grands boulevards.

Si leur marche parut s'effectuer avec une cer-
taine lenteur, il y a lieu de faire observer qu'avant
de s'engager dans les grandes voies, les soldats
étaient obligés de dégager toutes les rues adja-
centes et de livrer dans chacune d'elles des combats meurtriers.

*
* *

Dans la journée de mardi, les divisions des
généraux Montaudon et Clinchamp ayant envahi
Clichy, débarrassé les Batignolles et couronné les
hauteurs de Montmartre pour tenir en respect les
buttes Chaumont, Belleville et le Père-Lachaise,
aucun mouvement en avant ne fut tenté de ce
côté pendant la journée de mercredi.

*
* *

Reste donc à suivre les opérations du centre dans les 1er, 11e, 111e et 1ve arrondissements.

*
* *

Pendant qu'un corps de troupes s'avançait par le boulevard Haussmann, un autre détachement suivait le boulevard des Capucines; il s'agissait de cerner le nouvel Opéra, qu'on supposait occupé par de nombreux insurgés; mais, par suite d'un oubli incompréhensible, ils avaient négligé de se fortifier dans ces immenses bâtiments, qui pouvaient être pour eux une formidable citadelle.

*
* *

Embusqués derrière les barricades des rues Halévy et de la Chaussée-d'Antin, ils s'étaient contentés d'entasser dans le nouvel Opéra des engins explosibles reliés par un système souterrain avec des torpilles qui ont été trouvées depuis devant les barricades de la rue de la Paix et place Vendôme, autour du piedestal de la colonne.

*
* *

Prévenu par un habitant du quartier qu'il n'y avait personne dans les bâtiments, un officier de l'armée fit enfoncer les portes à coups de crosses,

et les soldats, se répandant dans l'édifice, occupèrent toutes les fenêtres, d'où ils ouvrirent un
feu nourri qui eut bientôt mis les communeux en
fuite.

*
* *

A la même heure, les insurgés, se voyant
refoulés par les troupes du général Douay, aban-
donnaient le Louvre et se repliaient sur la barricade construite rue de Rivoli, devant la maison
Botot, qui fut bientôt après incendiée et réduite
à l'état de ruines.

*
* *

La prise du nouvel Opéra, qui ouvrait aux
Versaillais l'entrée de la rue de la Paix, faisait en
même temps tomber en leur pouvoir la barricade
de la rue Neuve des Petits-Champs, et facilitait
ainsi l'occupation de la place Vendôme, cernée
des deux côtés.

*
* *

C'est à ce moment que l'amiral Pothuau, lan-
çant ses marins par la rue du Quatre-Septembre,
fit attaquer la barricade de la rue de la Micho-
dière, déblayer, non sans de grands efforts, la
place Gaillon et celle de la Bourse (1), et de là

(1) En cet endroit, après quelques coups de fusil échangés, les
insurgés cessèrent le feu et demandèrent à parlementer ; ils voulaient

s'empressa d'envoyer un fort détachement avec mission de dégager et de protéger à tout prix la bibliothèque de la rue de Richelieu. C'est donc grâce au brave amiral Pothuau que nous devons la conservation d'une des plus précieuses et des plus inestimables parties de nos trésors nationaux.

*
* *

Pendant la prise du Louvre et pendant qu'une partie de la division du centre dégageait la mairie du XIe arrondissement et se répandait dans les rues des faubourgs Montmartre et Poissonnière jusqu'à la rue Lafayette, les troupes, maîtresses de la rue de Rivoli jusqu'à la place Saint-Germain-l'Auxerrois, prenaient possession du Palais-Royal en partie consumé du côté de la place (1), de la Banque de France, heureusement intacte, de l'administration des Postes, miraculeusement épar-

tout simplement débaucher la troupe. Tout fut employé par eux pour atteindre leur but, douces paroles, promesses ébouriffantes.

Un capitaine surtout employait, auprès des soldats de la ligne, les expressions de tendresse les plus sentimentales : « N'êtes-vous pas notre sang? nos frères? Venez à nous, nous sommes des vôtres : le peuple de Paris vous aime, et il vous tend les bras. » Les troupiers restèrent insensibles à ces belles paroles et mirent en joue les communeux.

(1) Ce sont les pompiers de Fontainebleau qui ont aidé ceux de Paris à se rendre maîtres de l'incendie du Palais-Royal. Ces braves gens ont passé quatre jours et quatre nuits au milieu des débris fumants de l'ex-présidence du prince Napoléon.

gnée, et venaient ensuite se masser sur le quai de la Mégisserie.

*
* *

La Pointe Sainte-Eustache et les Halles se trouvaient comprises dans le périmètre dégagé et solidement occupé.

*
* *

Le reste de la division du général de Cissey, soutenu du côté du fleuve par les canonnières de la Seine et par les renforts que les bateaux-mouche amenaient continuellement, envahissait l'Institut (1) et l'Hôtel de la monnaie, puis enfin prenait position sur le Pont-Neuf, devant la Préfecture de police.

*
* *

L'issue de la bataille, qui allait s'engager de nouveau, n'était douteuse pour personne, aussi

(1) Il paraît que les gens de la Commune tenaient tout particulièrement à détruire les trésors littéraires du palais Mazarin, car dans la nuit du jeudi au vendredi une bombe à pétrole tomba sur les mansardes de la bibliothèque, où le feu prit mais ne consuma que quelques ouvrages insignifiants. Les livres et les manuscrits précieux avaient été mis en sûreté dans les caves du palais, par les soins de M. Charles Asselineau, attaché à la bibliothèque, et qui remplissait officieusement les fonctions de conservateur en l'absence des titulaires qui avaient quitté Paris.

le Comité de salut public et les autres membres
de la Commune, qui ne prenaient point part à
l'action, songèrent-ils, vers trois heures, à transporter plus loin le siége de ce qu'ils appelaient
le gouvernement.

Dans la soirée du 24, il ne restait donc plus
à l'Hôtel-de-ville que les hommes chargés de l'incendier.

*
* *

A sept heures dix minutes, les troupes régu-
lières attaquaient la barricade du Palais déjà
livré aux flammes, et à la chute du jour, la cité
tout entière était évacuée par les rebelles.

*
* *

Dès les premiers moments de l'occupation,
on s'empressa de circonscrire le feu qui menaçait
de gagner la Sainte-Chapelle, et c'est au dévouement des pompiers de Rambouillet et de Chartres
qu'on doit la conservation de ce précieux monument du vieux Paris.

*
* *

C'est encore un pompier de la province, un
homme de la compagnie de Fécamp; qui a rem-
placé le drapeau rouge, qui flottait au-dessus du

Palais-de-Justice, par le drapeau tricolore (1).

L'église métropolitaine a échappé au désastre préparé par les incendiaires. Ils avaient entassé, au milieu de la nef, des tonneaux de pétrole recouverts de tous les bancs et des chaises qu'ils avaient pu réunir dans l'édifice. Mis en fuite par l'arrivée soudaine des pantalons rouges, ils mirent le feu à ce bûcher; mais les internes de l'Hôtel-Dieu accoururent et se rendirent maîtres de l'incendie.

*

* *

Dans cette soirée du 24, les abords du palais municipal furent cruellement éprouvés. Dès le matin, une tentative d'incendie, heureusement

(1) Dans la matinée du 24, le Ministre de l'intérieur avait fait partir les dépêches suivantes :

« Le 24 mai 1871, 8 h. 50 m. du matin.
Urgent.

» *Intérieur à maires Sèvres, Meudon, Saint-Germain, Rueil.*
» Insurrection vaincue à Paris se venge par l'incendie. Réunissez d'urgence les pompiers de votre commune et faites-les venir à Paris.
» Rendez-vous au Trocadéro avec pompes et costumes de feu. Mettez-vous à la disposition du maréchal Mac-Mahon. Prévenez-moi télégraphiquement. »

Le corps des pompiers a répondu avec le plus méritoire empressement à l'appel fait à son concours par le Ministre de l'intérieur.

Non-seulement les pompiers de toutes les villes environnant Paris étaient allés se grouper au Trocadéro, mais les pompiers des départements de l'Eure et d'Eure-et-Loir étaient arrivés le mercredi, à Versailles, vers deux heures.

avortée, avait été faite au théâtre du Châtelet, plus heureux que son voisin le théâtre lyrique, dévoré tout entier par les flammes.

Mais ce n'était pas assez pour les monstres que notre brave armée avait à combattre : ils voulaient avant tout détruire, et détruire surtout ce qu'on avait le plus grand intérêt à conserver.

*
* *

Les bâtiments de l'Assistance publique contenant les dossiers des enfants assistés, la comptabilité des hospices et des maisons de secours, les bâtiments qui renfermaient les registres de l'état civil, ceux où se trouvaient les administrations de l'octroi et de la caisse de la boulangerie, ne pouvaient dès lors être épargnés.

Ils ne furent plus bientôt qu'un monceau de cendres.

*
* *

A l'entrée de la nuit, à l'heure où les sauveurs de la capitale, solidement établis sur les emplacements conquis, allaient prendre quelques instants de repos, un coup de canon, parti des hauteurs du Père-Lachaise, préludait au bombardement par les insurgés des xe, xie et xiie arrondissements.

*
* *

Car ce n'était pas sur les troupes en marche que les misérables dirigeaient leur feu, c'était en plein Paris et à tout hasard qu'ils allaient porter la mort et l'incendie.

JEUDI VINGT-CINQ MAI

Dès la veille, le Comité central, le Comité du salut public et ce qui restait de la Commune, s'étaient réfugiés à la mairie du XIe arrondissement, et, suivant les instructions qui leur avaient été données, les batteries du Père-Lachaise tiraient continuellement, par bordées de trois ou quatre coups, dans toutes les directions possibles.

*
* *

Uniquement dans le but de prolonger la défense, et sans préoccupation aucune des intérêts particuliers, voici quels étaient les derniers ordres rédigés par le citoyen Delescluze avant son départ de l'Hôtel-de-ville.

« Commune de Paris,

» Ordre à tous les chefs de barricades de

» faire créneler les maisons à 30 mètres en
» avant des positions défendues, faire ouvrir des
» passages à travers les habitations et les faire
» occuper. »

Si les soldats de la Commune avaient été plus nombreux, la résistance dans de semblables conditions eût été bien plus difficilement brisée ; mais, depuis trois jours, les forces des insurgés étaient singulièrement diminuées ; et, dans certaines rues, c'est à peine si les retranchements les plus solides abritaient une poignée de combattants.

*
* *

Le jeudi matin, quand le général de Cissey donna l'ordre de reprendre les hostilités, son premier soin fut de faire prendre à ses troupes la route stratégique qui borde les remparts, pour atteindre la porte de la Gare, point extrême de son rayon d'action.

Par cette manœuvre hardie, il s'assurait de tous les bastions, et n'avait plus qu'à pousser les insurgés devant lui en les refoulant sur le centre.

*
* *

Ce mouvement circulaire, commencé dans la matinée, ne fut achevé que sur les deux heures, et c'est alors que le général de Cissey donna l'ordre de marcher en avant, en prenant l'Hôtel-de-ville pour objectif.

Le détachement qui s'empara dans la soirée de la prison disciplinaire du secteur des Gobelins, située avenue d'Orléans, ne put, hélas! que constater le crime épouvantable que les insurgés venaient de commettre en massacrant tout le personnel du collége Albert-le-Grand, composé de vingt-quatre personnes ecclésaistiques ou laïques (1).

*\
* *

Les troupes achevèrent avant la nuit de s'emparer de la mairie du XIIIe arrondissement et de tout le quartier compris entre la porte de Bicêtre et le pont d'Austerlitz.

*
* *

Toute la journée, les batteries de Montmartre,

(1) Le 25 mai, à quatre heures du soir, le R. P. Captier, otage de la Commune, comme ses confrères, fut extrait en même temps qu'eux de la maison disciplinaire du secteur des Gobelins ; on lui annonça que, pour *les sauver des Versaillais*, ils allaient être transférés dans une prison plus sûre.

A la porte extérieure, un commandant leur cria : « Sortez un à un dans la rue. » Alors le massacre commença, et on entendit le prieur dire à ses frères : « Allons, mes amis.... pour le bon Dieu !! » Blessé seulement à la première décharge, le R. P. Captier fut achevé à coups de baïonnette. C'était une des plus grandes intelligences du XIXe siècle.

tournées contre les buttes Chaumont , les hauteurs de Belleville et le Père-Lachaise , n'avaient pas cessé d'inquiéter les insurgés qui , ne se sentant plus en sûreté au centre de Paris, arrivaient par bandes dans-ces parages éloignés.

Par suite de ce mouvement de retraite , les barricades destinées primitivement à protéger les membres de la Commune ne furent pas défendues comme elles auraient pu l'être , et les troupes chargées de les enlever eurent bientôt raison des imprudents qui s'obstinaient à s'y maintenir.

*
* *

Ces brigands ne cherchaient, du reste, qu'à gagner du temps; le feu qu'ils étaient en train de mettre à l'Hôtel-de-ville pouvait encore à ce moment être facilement éteint, et il fallait, pour rendre tout secours impossible, retarder de quelques instants la marche de l'armée régulière.

Les plus audacieux d'entre eux s'étaient dévoués pour laisser aux flammes le temps de tout dévorer.

Quand la ligne pénétra sur la place en passant sur les corps de ces forcenés, un nouveau crime était consommé : le plus ancien, le plus curieux édifice de la capitale était anéanti.

*
* *

A partir de ce moment, les Versaillais n'avancèrent qu'en marchant sur des ruines ; partout, en
reculant devant les baïonnettes, les communeux
et les misérables femmes qu'ils traînaient à leur
suite, répandaient des flots de pétrole.

La mairie du iv⁰ arrondissement, située derrière
la caserne Napoléon, fut gravement atteinte, et,
sans l'approche des troupes, elle allait avoir le
sort du palais municipal ; car on trouva dans les
caves trente barils de poudre destinés à faire
sauter l'édifice.

*
* *

Le mouvement en avant qui s'effectuait par la
rue Saint-Antoine, concordait avec la marche
d'une autre division par les grands boulevards,
où plusieurs combats sanglants eurent lieu dans la
journée.

*
* *

L'obstacle le plus difficile à renverser fut la
barricade élevée près de la porte Saint-Martin, à
l'entrée du boulevard de Strasbourg. Là, comme
ailleurs, les gens de la Commune appelèrent
l'incendie à leur secours, et un grand nombre de
maisons, dans le x⁰ arrondissement, furent détruites par le feu.

*
* *

Avant que les Versaillais fussent parvenus à la hauteur du restaurant Deffieux, le théâtre de la Porte-Saint-Martin flambait; et, en s'écroulant, enveloppait dans le même désastre les maisons auxquelles il était appuyé.

Bientôt ce fut le tour de la caserne du Prince-Eugène, dont on ne s'empara qu'après plusieurs combats acharnés et sanglants.

*
* *

La place du Château-d'Eau était une véritable place d'armes; les barricades, ou plutôt les redoutes qui la défendaient de tous les côtés, étaient hérissées de canons, et ce ne fut qu'après les plus grands efforts que les troupes parvinrent à se frayer un passage pour continuer leur mouvement en avant du côté de la Bastille, laissant aux corps d'armée qui les suivaient le soin de déblayer les autres issues encore occupées par les insurgés.

*
* *

A l'extrémité du boulevard Beaumarchais, les maisons donnant sur le canal Saint-Martin et celles de la rue Sedaine furent en partie livrées aux flammes avant l'arrivée des Versaillais (1).

*
* *

(1) La colonne de Juillet elle-même, ce symbole de la liberté qui,

Pendant que deux fortes divisions s'avançaient simultanément par les deux grandes voies qui aboutissent à la place de la Bastille, d'autres corps de troupes opéraient dans les quartiers intermédiaires.

*
* *

Trois barricades construites rue Turbigo furent successivement enlevées, ce qui permit aux soldats qui accomplirent cette rude besogne de faire leur jonction avec leurs camarades arrivés depuis une heure sur la place du Château-d'Eau.

*
* *

Le détachement qui eut à dégager la rue Saint-Martin, coupée, comme la rue Turbigo, par plusieurs ouvrages de défense, balaya, sans en excepter une seule, les petites rues aboutissant d'un côté au faubourg Saint-Denis, et de l'autre au boulevard de Strasbourg, où s'était massée une importante réserve.

*
* *

à ce titre, devait être sacrée pour ceux qui prétendaient combattre l'oppression, était condamnée à périr ; un bateau chargé de tonneaux de pétrole avait été conduit, à cette intention, sous la voûte du canal, et le feu, qui devait anéantir le mausolée des héros de Juillet 1830, ne causa pas les ravages sur lesquels on avait compté. La voûte seule du canal fut calcinée par les flammes ; la colonne resta debout, mais elle fut percée de part en part par les obus venant du Père-Lachaise.

La prise de la place de la Bastille eut lieu dans la soirée par la division du général Vergé; elle fut, du reste, singulièrement facilitée par l'excellente attitude de la population du faubourg Saint-Antoine, qui ne pactisa jamais avec les infâmes coquins dont le règne passager les priva de travail.

Ce dernier engagement termina la journée.

*
* *

Les différents corps d'armée qui occupaient ce soir-là tous les quartiers de Paris, depuis les remparts du Point-du-Jour jusqu'à Bercy et la gare de Lyon, avaient donc leurs têtes de colonne sur la même ligne, et quand ils reçurent l'ordre de bivouaquer, les soldats qui campèrent, pendant la nuit du 25 au 26, autour de la colonne de Juillet, assistèrent a un triste spectacle : le Grenier-d'Abondance était en flammes.

Du côté de la prison de Mazas, restée intacte, un autre incendie complétait cet horrible tableau (1) : c'était plusieurs maisons de la rue

____

(1) Dans cette journée du 25, où le général de Cissey avait fait occuper les bastions des portes de Vitry, d'Ivry et de Bicêtre, le lieutenant de cavalerie de Saint-Hilaire était de grand'garde en reconnaissance. Il s'avança et s'aperçut que deux barricades, situées en avant de Bourg-la-Reine, étaient inoccupées. Il avertit un poste d'infanterie placé à Rangis, et se dirigea sur Cachan, que les fédérés avaient évacué trois quarts d'heure auparavant; il était quatre heures et demie.

Ce succès l'encouragea; il poussa sur les Hautes-Bruyères, entra

de Lyon, auxquelles les pétroleuses étaient parvenues à mettre le feu.

avec quatre hommes par la porte laissée ouverte à la gorge, et planta le drapeau tricolore. Un lieutenant d'artillerie de la garde nationale y gisait seul, paraissant s'être brûlé la cervelle. Il était cinq heures.

Bientôt Bicêtre était occupé : un capitaine du 4e dragons, accompagné d'un peloton du 114e de ligne, se dirigeait vers le fort, coupait l'arrière-garde des fédérés en retraite, faisait dix prisonniers, dont un officier à chemise rouge et képi de lieutenant d'artillerie.

Peu après, la redoute de Villejuif était prise par dix hommes et un officier du 4e dragons, M. de Montmarin. On y trouvait trois voitures de munitions ; et on y recueillait trois officiers fédérés, dont un capitaine trésorier.

Le Moulin-Saquet était enlevé aussi par un autre officier du 4e dragons, et enfin le fort d'Ivry était conquis par le même régiment.

C'est une belle page dans l'histoire de la cavalerie.

C. L.

VENDREDI VINGT-SIX MAI

Le quartier du Temple avait été occupé la veille ; cependant il n'était pas entièrement dégagé, et, dans la journée du 26, pendant que les Versaillais marchaient en avant, plusieurs combats y furent livrés. C'est dans ces engagements que l'armée eut à déplorer la perte du général de division Leroy de Dais, tué au coin de la rue de Commines (1).

A quatre heures du matin, le général Derrojat, qui commandait une division de réserve et dont les troupes étaient appuyées par plusieurs canonnières qui remontaient la Seine, commença par faire occuper la Rapée et les quais jusqu'au viaduc assez vigoureusement défendu. Il s'assura

(1) C'est également le 26 que le corps du citoyen Delescluze fut trouvé, percé de plusieurs balles, aux environs de la barricade du Château-d'Eau. L'histoire qui enregistrera la mort héroïque du général Leroy de Dais, dira, en parlant du délégué de la Commune, qu'un pareil misérable n'était pas digne de mourir comme un brave soldat.

ensuite de la ligne de Lyon, et, exécutant alors un mouvement tournant à gauche, fit suivre à ses troupes la route stratégique et le chemin de fer de ceinture jusqu'à la porte Montenpoivre, au point où la ligne de Vincennes traverse les remparts.

Arrivé à cette hauteur, le général Derrojat devait attendre, pour pousser jusqu'à la barrière du Trône, que les troupes des généraux Douay et Clinchamp fussent parvenues à s'emparer du xiie arrondissement qui confine la rue du faubourg Saint-Antoine. Le détachement qui avait pour objectif la mairie du xiie, et qui s'avançait dans cette direction par la rue de Bercy, se trouva tout d'abord en face d'une importante barricade armée de plusieurs pièces de canon. Un combat sanglant était imminent. La victoire des Versaillais eût été chèrement achetée, quand, par suite de l'indiscrétion d'un chirurgien-major de la Commune, le mot de passe fut livré aux pantalons rouges, qui purent s'emparer par surprise de la redoutable batterie (1).

*
* *

A partir de ce moment, les troupes gagnèrent

______

(1) Le mot de passe, livré aux Versaillais par le chirurgien-major de la Commune, était *France* et *Ringue*.

pied à pied le terrain et renversèrent successivement tous les obstacles qui s'opposaient à leur marche en avant. Dans l'après-midi, la ligne, maîtresse de la mairie du xiiᵉ arrondissement, avait dégagé la caserne de Reuilly, où les insurgés avaient réuni un grand nombre de soldats blessés pendant le premier siége (1).

*
* *

A cinq heures, la place du Trône était occupée par l'armée de Versailles.

*
* *

Vers quatre heures de l'après-midi, au moment où les troupes françaises menaçaient d'occuper la place du Trône, plusieurs bataillons fédérés, formant un effectif d'environ trois mille hommes sortirent de Paris par la porte de Vincennes, et vinrent se constituer prisonniers entre les Bavarois ; ceux-ci les désarmèrent et, un peu plus tard, les livrèrent à un bataillon de chasseurs à pied qui les escortèrent jusqu'à Versailles.

*
* *

(1) Ces braves militaires qui, au risque d'être assassinés par les gens de la Commune, avaient toujours énergiquement refusé de prendre les armes contre leurs frères de Versailles, et qui, depuis deux mois, avaient souffert mille privations, furent immédiatement mis en liberté, et dirigés sur l'Ecole militaire, où les soins les plus empressés leur furent prodigués.

A la même heure, les insurgés, pour ralentir la marche des troupes qui, du côté de Montmartre, s'approchaient de plus en plus des quartiers de Belleville, incendiaient les entrepôts de la Villette, et anéantissaient, en quelques heures, les immenses richesses qu'ils contenaient.

Pendant toute la nuit du 26 au 27, les flammes de cet immense brasier éclairèrent toute la partie-est de Paris, même jusqu'au faubourg Saint-Germain.

Depuis son entrée dans Paris, l'armée de Versaills n'avait pas cessé de suivre l'insurrection pas à pas dans sa marche rétrograde, lui enlevant successivement les positions les plus importantes, et lui faisant des prisonniers, dont le nombre excède 25,000 hommes, sans compter les blessés, ceux passés par les armes sur les barricades prises d'assaut, ou tués dans les différents engagements. Le nombre de ces derniers est considérable.

Dans toutes ces opérations, sagement calculées, le maréchal de Mac-Mahon et les généraux sous ses ordres ont toujours eu à cœur de ménager nos braves soldats, qui ne demandaient qu'à enlever, au pas de course et à la baïonnette, les obstacles qui leur étaient opposés (1).

*
* *

Dans la matinée de ce jour, vendredi 26, le général Vinoy, à la tête des divisions Bruat et Faron, s'emparait du faubourg Saint-Antoine jusqu'à la barrière du Trône où il faisait sa jonction avec le général Derrojat, en même temps que le général Douay, ayant sa gauche à la Bastille et sa droite au Cirque Napoléon, s'engageait dans les rues Oberkampf et de la Roquette pour investir, par le boulevard Voltaire, la mairie du xie arrondissement

*
* *

De son côté, le général Ladmirault, qui, la veille, s'était arrêté entre les portes Saint-Denis et Saint-Martin, forçait l'entrée du boulevard de Strasbourg, prenait à revers les barricades du faubourg Saint-Denis, et à travers les décombres des maisons détruites par le pétrole, pénétrait jusqu'à la place Pigale et l'église Saint-Laurent.

*
* *

(1) Nous n'avons cité, dans cette rapide esquisse, que les noms des généraux commandant les principales divisions.

Nous laissons aux rapports militaires, qui seront publiés ultérieurement, le soin de compléter les renseignements qui nous manquent.

C'est à ce moment que furent enlevées les gares du Nord et de l'Est.

*
* *

Une fois maîtresses de ces deux positions, les troupes eurent encore un rude combat à soutenir devant la barricade de la rue des Récollets. Pour s'en emparer, les soldats durent établir des cheminements dans l'intérieur des maisons, car c'était un des points les plus solidement fortifiés par les insurgés.

*
* *

Arrivés enfin, après les plus grands efforts, sur les bords du canal, en face l'hospice Saint-Louis, les Versaillais n'avancèrent plus qu'avec circonspection ; ils savaient que les communeux s'étaient retranchés dans l'hospice rempli de malades, et ils voulaient, à tout prix, éviter le malheur de détruire ce refuge de la souffrance et de la faiblesse. Ce fut donc à la baïonnette qu'ils enlevèrent les barricades des rues Grange-aux-Belles et Bichat ; et, grâce au dévouement avec lequel ils affrontèrent la fusillade sans répondre au feu de l'ennemi, les bâtiments de l'hospice furent abordés et pris d'assaut sans que les malades eussent à en souffrir.

*
* *

Aux confins du XII° arrondissement, les troupes du général Ladmirault, ralliées par celles du général Clinchamp qui avaient opéré à l'ouest, prirent position sur le boulevard de la Villette, en face Belleville et les buttes Chaumont.

Dans la même journée, la division du général Montaudon, qui avait gagné, par la route stratégique, le XVIII° arrondissement, s'était emparée d'une redoute armée de canons, placée au ron-point du boulevard de la Villette.

*
* *

Une autre division, celle du général Grenier, avait dégagé et occupé l'Abattoir et le Marché aux bestiaux. Quand, dans la soirée, les troupes du général Douai eurent envahi la mairie du XI° arrondissement, où, par parenthèse, elles ne trouvèrent plus aucun membre de la Commune, elles se dirigèrent rapidement sur la prison de la Roquette. Mais la nuit arrivait, et la barricade, qui en défendait les approches, étant encore à ce moment vivement canonnée par une battarie placée ou pont d'Austerlitz, l'ordre fut donné de suspendre les opérations.

SAMEDI ET DIMANCHE, 27 ET 28 MAI

La journée du 27 devait être le coup de grâce de la Commune.

*
* *

Avant de raconter le récit des événements accomplis pendant ces deux derniers jours, il y a lieu de jeter un regard en arrière et de retracer ici les scènes tragiques et à jamais regrettables qui se passèrent entre les murs de la prison de la Roquette, les 24 et 26 mai.

« Le mercredi soir, 24 mai, à huit heures moins le quart, le délégué à la sûreté générale, Ferré, se présente dans la 4ᵉ division de la prison, suivi de deux brigadiers et du directeur; des gardes-nationaux étaient échelonnés dans l'escalier de ronde.

» — Il nous manque six des nôtres, dit Ferré en parlant des membres de la Commune déjà fusillés par les soldats, il nous en faut six....

» Le livre d'écrou à la main, il choisit lui-même les six otages qu'il va faire fusiller.

» Ferré se dirige ensuite vers la cellule n° 24, où était enfermé l'archevêque de Paris. Il appelle le prisonnier, qui, d'une voix calme et ferme, répond : « Présent! » puis sort en disant à Ferré ces paroles textuelles :

» — La justice des tyrans est bien lente à venir.

» Les six ôtages voués à la mort descendent, sous l'escorte des gardes nationaux, jusque dans une des cours, où on les adosse contre le même mur (1).

» Deux feux de peloton se font entendre à quelques secondes d'intervalles, et toutes les victimes, ajustées à la fois, tombent en même temps.

» Vingt coups de feu éclatent en suite isolément ; ce sont les gardes nationaux qui achèvent les victimes.

» En revenant, l'un des assassins dit à un de ses camarades, en parlant de M. Bonjean :

(1) Voici la liste des six otages assassinés le 24 :

S. G. Mgr Darboy, archevêque de Paris.

M. l'abbé Deguerry, curé de la Madeleine.

M. l'abbé Allard, aumônier des ambulances.

Le P. Ducoudray, supérieur de l'école Sainte-Geneviève (jésuite).

Le P. Clerc, professeur (jésuite).

Le président Bonjean.

» — Tiens, ce vieux, as-tu vu comme il s'est relevé? Il a fallu qu'on l'achève. »

(Extrait du *Siècle*.)

Le 26, quelques heures seulement avant l'arrivée des Versaillais, un nouveau massacre ensanglantait les murs de la prison, et cette fois encore de nouveaux otages tombaient foudroyés par les balles de leurs assassins (1).

*
* *

Dès que l'ordre de marcher en avant fut donné, les troupes qui avaient passé la nuit sur le boulevard Voltaire autour de la mairie du XIᵉ arrondissement, débouchèrent par la rue de la Roquette et abordèrent, au pas de course, la barricade qui les séparait de la prison.

(1) Les victimes de la journée du 26 étaient :
Le P. Olivain, supérieur de la résidence, rue de Sèvres (jésuite).
Le P. Caubert, procureur.
Le P. de Bengy (jésuite).
L'abbé Sabattier, 2ᵉ vicaire de Notre-Dame de Lorette.
L'abbé Planchat, aumônier du patronage Sainte-Anne.
Les RR. PP. Tuffier, Radiguet, Rouchouze, Tardieu, prêtres (maison de Picpus).
M. Seigneuray, séminariste de Saint-Sulpice.
Parmi les ecclésiastiques fusillés comme otages dans ces jours néfastes, on cite encore Mgr Surat, vicaire général, pronotaire apostolique, l'abbé Houillon et l'abbé Bécourt, curé de Notre-Dame de Bonne-Nouvelle.

Cette barricade, à moitié détruite par les boulets lancés du pont d'Austerlitz, fut cependant vigoureusement défendue. Les insurgés comprenaient que les hauteurs du Père-Lachaise étant leur dernier refuge, il était de la plus haute importance pour eux d'en empêcher l'accès : ils se battirent donc en désespérés, et les Versaillais ne purent franchir l'obstacle qu'en passant sur les corps de la plupart d'entre eux (1).

*
* *

On sait ce qui s'était passé dans la prison de la Roquette quand elle fut envahie par la ligne.

*
* *

A trois heures, les troupes, arrivant par la rue de la Roquette, à droite et à gauche par les boulevards de Charonne et de Ménilmontant, investissaient le cimetière où les gens de la Commune s'apprêtaient à faire face à la redoutable

____

(1) Dans la matinée du 27, quand les insurgés se virent sur le point d'être obligés d'abandonner la barricade de la rue de la Roquette, ils se mirent en devoir d'incendier les maisons voisines et répandirent partout du pétrole. Les habitants, ayant essayé de lutter contre l'incendie, furent saisis par les communeux, placés contre le talus de la barricade et impitoyablement fusillés.

attaque dont ils étaient menacés ; en voyant arriver la nuit, ils eurent un instant l'espoir de pouvoir mettre à profit les ténèbres en organisant de nouveaux moyens de défense. Ils avaient même déjà commencé à installer, sur la plate-forme de la Chapelle, six pièces de sept et une mitrailleuse destinées à balayer la rue de la Roquette, quand la division du général Bruat, à la faveur de l'obscurité qui protégeait sa marche, fit irruptiou dans le cimetière par une brèche qui existait dans le mur du côté de Charonne.

*
* *

Toute résistance sérieuse devenait alors impossible ; et si, favorisée par les retraites que les monuments funéraires offraient aux insurgés, elle se prolongea toute la nuit et pendant une partie de la journée du dimanche, elle ne pouvait laisser aucun doute sur le résultat définitif de cette lutte insensée.

Pendant que dans la journée du dimanche les Versaillais achevaient de dégager le cimetière, les deux divisions des généraux Ladmirault et Clinchamp occupaient, sans rencontrer d'obstacles, les buttes Chaumont et les hauteurs de Belleville abandonnées par les communeux.

*
* *

Tout était donc fini, et le 28, à trois heures de l'après-midi, par ordre du maréchal Mac-Mahon. général en chef, trois coups de canon, tirés de la butte Montmartre et répétés par le Mont-Valérien annonçaient aux membres de l'Assemblée nationale réunis autour de M. Thiers, que

PARIS ÉTAIT SAUVÉ.

Paris a été bien réellement sauvé par l'armée de Versailles, car la grande ville était vouée à une entière destruction ; non-seulement les égouts qui la sillonnent dans toutes les directions, avaient été minés par les gens de la Commune, mais, pour arriver à engloutir d'un seul coup une grande partie de la rive gauche, ils avaient accumulé dans les catacombes un nombre considérable de barils de poudre. Nous apprenons ce fait par la note suivante publiée dans le *Moniteur universel.*

LES CATACOMBES

« La principale entrée des catacombes, rue Dareau, 84, est toujours gardée par un poste de soldats de la ligne. Le motif de cette surveillance est d'empêcher les communeux et autres gens mal intentionnés d'y pénétrer. Le génie militaire y fait exécuter, du reste, des travaux considérables, ou plutôt il préside à la réparation des dégâts que les incendiaires de la Commune y avaient occasionnés pour établir des torpilles, des mines et autres engins de destruction. Les plafonds des catacombes étaient tapissées de fils de fer qui communiquaient entre eux jusqu'à l'extérieur et qu'il a fallu couper avec de grandes précautions. La plupart des piliers étaient minés dans toute la région souterraine qui s'étend de la barrière d'Enfer jusqu'à la rue du Vaugirard et le Panthéon ; de sorte que, par suite d'une explosion, tous ces quartiers auraient été engloutis sous terre. On consolide maintenant ces piliers de soutènement. Enfin, on a mis à découvert des barils de poudre et des bombes qu'on avait placés de distance en distance, pour faire sauter, à un moment donné, tous les travaux qui constituent ces souterrains. »

On s'est bien des fois demandé de combien d'hommes disposait la Commune au moment de la lutte suprême, le renseignement suivant, emprunté au journal *le Temps*, paraît assez vraisemblable.

« Les tableaux de la garde nationale, publiés dans le *Journal officiel* de la Commune, donnent un chiffre d'environ 90,000 gardes nationaux sédentaires, et de 85,000 gardes nationaux de marche. Mais ce compte est de fantaisie : en réalité, il n'y avait plus qu'une seule espèce de bataillons ; ils étaient composés par des hommes de tout âge, partisans de la Commune, et recrutés surtout moitié par conviction, moitié par force et nécessité de vivre dans les quartiers populeux.

» Ces bataillons, sauf la garde pour ainsi dire recrutée parmi les communeux d'élite et préposés à la surveillance des points principaux de l'intérieur, comptaient chacun en moyenne un effectif variant entre 200 et 300 hommes, dont beaucoup de gamins imberbes et de gens à cheveux grisonnants.

» On peut donc, sans exagération, évaluer à 50,000, un peu moins, le nombre réel des combattants. »

TABLE

— Lille. Typ. J. Lefort. 1874 —

CONSTANTINOPLE, depuis Constantin jusqu'à nos jours; par M. de Montrond.

DIEU, le Christ, son Église, ses Sacrements; par M. l'abbé Petit.

DORSIGNY (les), ou Deux Éducations; par S. Bigot.

ÉTUDES ET PORTRAITS; par M. Poujoulat.

GERBERT, archevêque de Reims, pape sous le nom de Sylvestre II; sa vie et ses écrits; par M. l'abbé Loupot.

HINCMAR, archevêque de Reims : sa vie, ses œuvres, son influence; par le même.

LACORDAIRE (le P.); par M. de Montrond.

LAURE DE CERNAN; par S. Bigot.

MODÈLES LES PLUS ILLUSTRES dans le sacerdoce et la religion; par M. de Montrond.

MUSICIENS LES PLUS CÉLÈBRES (les); par le même.

NAPLES : histoire, monuments, beaux-arts, littérature. L. L. F.

POËTES LES PLUS CÉLÈBRES : français, italiens, anglais, espagnols.

PRÉLATS les plus illustres de la France; par M. de Montrond.

SAINT AMAND (Histoire de), évêque missionnaire, et Étude sur l'état du christianisme chez les Francs du Nord au viie siècle; par l'abbé C. J. Destombes.

SAINT AMBROISE; sa vie et extraits de ses écrits.

SAINT ATHANASE; sa vie et extraits de ses écrits.

SAINT AUGUSTIN, évêque d'Hippone, sa vie et extraits de ses écrits.

SAINT BASILE; sa vie et extraits de ses écrits.

SAINT BERNARD; sa vie et extraits de ses écrits.

SAINT CYPRIEN ; sa vie et extraits de ses écrits.

SAINT ÉLOI (Vie de), évêque de Noyon et de Tournai, par saint Ouen; traduite et annotée par l'abbé Parenty. 2 *grav. sur acier.*

SAINT ÉPHREM; sa vie et extraits de ses écrits.

SAINT GRÉGOIRE DE NAZIANZE; sa vie et extraits de ses écrits.

SAINT JEAN CHRYSOSTOME; sa vie et extraits de ses écrits.

SAINT JÉROME, solitaire et prêtre; sa vie et extraits de ses écrits.

SAINT LAURENT, diacre et martyr; par M. l'abbé Labosse. 4 *grav.*

SAINT MARTIN, évêque de Tours; par M. de Montrond.

SAVANTS LES PLUS CÉLÈBRES; par le même.

SICILE (la) : souvenirs, récits et légendes; par M. l'abbé V. Postel.

SOUVENIRS DE VOYAGE; par Mme de la Grandville. 2 *vol.*

SYRIE (la) en 1860 et 1861 : massacres du Liban et de Damas et expédition française; par M. l'abbé Jobin.

VARIÉTÉS LITTÉRAIRES; par M. Poujoulat.

VENDEVILLE (Mgr Jean), évêque de Tournai; par le R. P. Possoz.

WISEMAN (le cardinal) : étude biographique; par M. de Montrond.

In-8º à 1 fr. 50.

A TRAVERS L'OCÉANIE; par Mme la comtesse de Drohojowska.

BON CONSEILLER (le) : avis, maximes, sentences. *Avec approb.*

CONQUÊTES DU CHRISTIANISME en Asie, en Afrique, en Amérique et en Océanie; par C. Guénot.

DOM LÉO, ou le Pouvoir de l'amitié; par E. S. Drieude.

EDMOUR ET ARTHUR; par le même.

EMPEREURS ROMAINS (Histoire des), d'après Crevier; par M. Boissart.

ÉPREUVES DE LA PIÉTÉ FILIALE (les); par E. S. Drieude.

ÈRE DES MARTYRS (l'); par l'abbé de Saint-Vincent.

EUROPE CHRÉTIENNE (l'); par C. Guénot.

FLEURS DES MARTYRS au xixe siècle : Chine et Cochinchine; par A. S. de Doncourt.

FLEURS DES MARTYRS au xix' siècle : Corée et Maduré; par le même.

GUERRE DE CENT ANS (la), entre l'Angleterre et la France; par A. de la Porte.

GUERRE DU MEXIQUE (la), 1861-1867; par M. L. Le Saint.

GUERRE ENTRE LA FRANCE ET LA PRUSSE (la), 1870-1871; par le même.

— Ce volume est précédé d'une CARTE COMPLÈTE du théâtre de la guerre.

HISTOIRE NATURELLE, d'après Cousin-Despréaux.

JOURNAL DE CLOTILDE; par Mlle S. Wanham.

LA TOUR-D'AUVERGNE (Histoire de), 1er grenadier de France; par A. Buhot de Kersers.

LIEUX SAINTS (les); par Mgr Maupoint, évêque de Saint-Denis.

LORENZO, ou l'Empire de la religion; par E. S. Drieude.

MARDIS DE MARGUERITE (les); par Marie Emery.

MARIE-ANTOINETTE ET MADAME ÉLISABETH; par F. Lafuite.

MARIE STUART, reine de France et d'Ecosse; par A. Laurent.

MARTYRS DU JAPON (les); par M. de Montrond.

MENDIANTE DE SAINT-EUSTACHE (la); par Mme C. Breton.

MORTS HÉROÏQUES (les) pendant la guerre de 1870-1871 et pendant la Commune; par C. d'Aulnoy.

MOSAÏQUE DE LA JEUNESSE : variétés intéressantes et instructives. 28 *gravures.*

PAGE DU COMTE DE FLANDRE (le); par M. Barbé.

ROSARIO : histoire espagnole; par E. S. Drieude.

SANCTUAIRES les plus célèbres de la sainte Vierge en France; par M. de Gaulle. (Première partie.)

SANCTUAIRES les plus célèbres de la sainte Vierge en France; par le même. (Deuxième partie.)

SCÈNES DE LA VIE DES ANIMAUX; par M. P.

SIÉGE DE PARIS (le) : journal historique et anecdotique; par Ed. Delalain.

SOLITAIRES D'ISOLA-DOMA (les); par E. S. Drieude.
SOUVENIRS DES AMBULANCES ; par A. S. de Doncourt.
UNE GUERRE DE FAMILLE ; par Marie Emery.
UNE HÉRITIÈRE ; par la même.

In-8º à 1 fr. 25.

ALGÉRIE CHRÉTIENNE (l'); par A. Egron.
ALGÉRIE (l') : promenade historique et topographique; par le
  Dr F. Andry.
AMICIE ; par Marie Emery.
APOTRE DE LA CHARITÉ (l') : vie de saint Vincent de Paul.
ARMAND RENTY ; par J. Aymard.
BIOGRAPHIES LORRAINES; par M. le comte de Lambel.
BRUNO, ou la Victoire sur soi-même; par Mme de Gaulle.
CROISÉ DE TORTONA (le); par C. Guénot.
DEUX AMIS (les); par S. Bigot.
DEVOIR ET VERTU, ou les Forges de Buzançais.
DÉVOUEMENT D'UNE JEUNE FILLE ; par Mme Beaujard.
ÉMERAUDE DE BERTHE (l'); par M. Ange Vigne.
ENFANT DE L'HOSPICE (l'); par Marie de Bray.
ÉPISODES ET SOUVENIRS DE LA GUERRE DE PRUSSE ;
  par M. de Montrond.
ERMITAGE DE SAINT-DIDIER (l'); par H. Lebon.
EXEMPLES TRAÇANT LE CHEMIN DE LA VERTU (les).
FERME DE VALCOMBLE (la); par M. D.
FERNAND DELCOURT ; par S. Bigot.
FLEURS PRINTANIÈRES ; par M. de Montrond.
FOURIER DE MATTAINCOURT (le Bx); par M. le comte de Lambel.
FRÈRE ET LA SŒUR (le); par F. Villars.
GERMAINE COUSIN (sainte); par M. de Montrond.
GROTTE DE LOURDES (la); par Mlle Amory de Langerack.
ILE DES NAUCLÉAS (l'); par Mme Grandsard.
JEANNE D'ARC : récits d'un preux chevalier; par M. de Montrond.
LEQUEL DES DEUX ? par S. Bigot.
MÉMOIRES D'UNE ORPHELINE; par Marie Emery.
MES PAILLETTES D'OR ; par M. de Montrond.
NÈGRES DE LA LOUISIANE (les); par Marie Emery.
NEVEUX DU MISSIONNAIRE : (les). A. M. D. G.
OU SE TROUVE LE BONHEUR? par A. S. de Doncourt.
PITCAIRN : histoire maritime; par Mme de Gaulle.

9 782012 989160